AF404636

MÉMOIRE

SUR LES MOYENS DE SUPPLÉER

A LA TRAITE

DES NÉGRES

PAR DES INDIVIDUS LIBRES;

Et d'une manière qui garantisse pour l'avenir la sûreté
des Colons et la dépendance des Colonies.

Par M. GENTY.

BLOIS,

IMPRIMERIE DE P. D. VERDIER,

RUE PORTE-CÔTÉ n.º 20.

Janvier 1818.

MÉMOIRE

SUR LES MOYENS DE SUPPLÉER

A LA TRAITE

DES NÉGRES

PAR DES INDIVIDUS LIBRES,

Et d'une manière qui garantisse pour l'avenir la sûreté
des Colons et la dépendance des Colonies.

IL est reconnu que la richesse, l'espérance et la
force des empires consiste dans leur population,
que sans population il n'est point de puissance
réelle et durable : aussi les anciens, dans la con-
viction de cette vérité, infligeaient-ils des peines
aux célibataires; et Catherine II, de glorieuse mémoire fit-elle des lois d'encouragement pour mul-
tiplier les mariages et couvrir un jour les déserts de
ses vastes états. Dieu veuille que sous le climat le
plus tempéré, la sagesse de nos Rois et la stricte
exécution des lois sanitaires, préserve à jamais
nôtre belle France, du besoin malheureux d'ap-
peler, à cet égard, l'attention du législateur !

Déjà nous approchons de l'époque où nos enfans échappés à la contagion du virus variolique par la découverte miraculeuse de Jenner, de ce grand homme dont la reconnaissance placera bientôt la statue parmi celles des Dieux pénates; nous approchons, dis-je, de cette époque où nos enfans vont se présenter sur la scène du monde et remplir le vide immense occasionné par la guerre longue et meurtrière de la révolution. Sans cette découverte, la France allait, pendant au moins vingt ans, éprouver une diminution journalière dans le nombre de ses citoyens par l'extinction successive et sans postérité des filles forcées au célibat, et la perte des braves moissonnés aux champs glorieux des batailles.

Les observateurs ont en effet reconnu, et la statistique des départemens a dû constater que, par suite de la vaccine, il existe dans les familles une quantité d'enfans beaucoup plus considérable que celle qu'on réussissait à élever quand nous ne connaissions pas cet heureux préservatif de la petite vérole. Les hospices de charité où la vaccine a été ministériellement prescrite, ont également conservé beaucoup plus de sujets, et c'est sur cette masse infortunée de petits êtres abandonnés aux soins paternels du gouvernement, qu'il convient de jeter un coup d'œil politique, autant pour les intérêts de notre commerce colonial, que pour l'établissement futur de chacun de ces enfans.

La conservation de ces fruits de l'erreur ; plutôt encore que du libertinage, depuis long-temps considérée par quelques hommes d'état, comme un acte de pure humanité, et par d'autres comme celui d'une sage administration, a dû pour chaque état, être un objet de soins, de dépenses et d'inquiétudes. Après avoir procuré à ces malheureux une éducation qui pût les faire exister utilement dans le monde, on leur accordait la permission de s'y jetter et d'y exercer leurs droits : rarement y trouvaient-ils des parens qui pussent, osassent ou voulussent les reconnaître ! L'opinion accablante qui aurait flétri les auteurs de leurs jours, les faisait repousser du sein des familles : ainsi les dépenses du gouvernement pour les soutenir dans les maisons de charité, n'étaient donc compensées que par l'idée du bien qu'il faisait, ou du mal qu'il empêchait de faire.

Ne serait-il pas aujourd'hui possible d'utiliser ces enfans d'une manière tout à la fois avantageuse pour eux, utile pour le commerce, et politique par ses résultats ? D'abord, en leur assurant un sort qui ne fût point une charge pour les finances ; ensuite par leur placement, de bonne heure, dans une situation qui les fît devenir l'objet d'espérances solides, de garantie et de sûreté ; enfin, en indemnisant l'état des avances qu'il a faites pour les élever et les soutenir pendant leurs douze premières années.

Je vais aborder cette question importante.

Déjà depuis long-temps un royaume voisin, par suite des ordonnances du grand Frédéric, dispose des enfans exposés, et de ceux nés dans les hospices ouverts aux filles enceintes. Le gouvernement français ne pourrait-il pas être autorisé par une loi, à disposer aussi d'une chose abandonnée, qui n'est réclamée de personne et dont il a seul pris soin? D'une chose, oui, me repondra-t-on! mais d'un individu né français et libre, la Charte ne lui en confère pas le droit. Cependant comme il s'agit ici d'une classe particulière d'êtres à sa charge, conséquemment plus dépendante de lui qu'aucune autre, cette classe me paraît, par cela même, plus susceptible d'exception. La conscription n'embrassait-elle pas les citoyens de tous les rangs? l'inscription maritime ne dispose-t-elle pas toujours des jeunes enfans mâles nés dans les départemens qui touchent l'Océan et la Méditerranée? Si, outre cela, les droits donnés sur des enfans délaissés, n'ont que le double but d'être favorables à l'individu et au gouvernement qui l'a recueilli et lui a servi de père, peut-on empêcher ce gouvernement de contracter des engagemens temporaires qui remplissent ces deux conditions essentielles? C'est au Législateur à prononcer : soumettons donc à son examen les vues d'utilité publique et d'intérêt particulier qui doivent se rapporter à la question.

Un accord presque général entre les grandes puissances de l'Europe abolit la traite des négres, traite, il est vrai tout-à-fait humiliante pour l'espèce humaine (1), mais aussi jusqu'à ce jour, seul moyen avantageusement connu de cultiver les colonies. Cet accord l'abolit après une longue guerre maritime, presque constamment désavantageuse pour nous, et pendant laquelle nos habitations désertées par un grand nombre de propriétaires, n'ont pu réparer leurs pertes, après une guerre presque toujours heureuse pour l'Angleterre et pendant laquelle les possessions qu'elle à résolu de garder ont eu le temps de se procurer les bras nécessaires à leur travaux (2). Dès-lors le manque d'esclaves d'un côté, et leur surabondante quantité de l'autre, doivent faire pancher la balance des récoltes en faveur des Anglais.

On nous a rendu des colonies; mais à quoi nous serviront-elles sans moyens de les cultiver ? Ne seront-elles pas un objet de luxe pour la couronne, et de dépenses pour le royaume, alors

---

(1) On ne conçoit pas trop pourquoi les Anglais, qui, les premiers ont donné l'exemple de l'abolition de la Traite, laissent encore subsister chez eux le galant usage de vendre des femmes au marché.

(2) Avant de publier le fameux bill de l'abolition, dit l'éditeur d'un ouvrage sur la Traite et l'Esclavage des Négres, l'Angleterre a donné à ses colonies tout le tems de se pourvoir des esclaves dont elles avaient besoin.

que nous resterons tributaires des marchands de denrées coloniales? Nos colons ruinés par une longue dépossession ne se releveront qu'à demi, et peut-être, faute de bras, verront-ils encore leurs dernières ressources s'épuiser infructueusement.

Dans l'état florissant où la vaccine et la paix vont mettre notre population, que nous importera l'accroissement annuel de dix à douze mille individus exposés (1)? Les mariages donneront à nos campagnes assez d'ouvriers laborieux, à nos cités assez d'artisans utiles, et les enfans sortis de nos hospices de charité ne seront pour nous qu'une surabondance de sujets, obligés peut-être à s'expatrier à la fin d'une éducation coûteuse, pour aller au dehors chercher des moyens d'existence, quand placés selon nos intérêts, les leurs s'allieraient à ceux de la mère patrie, avec l'espérance que leurs mariages augmentant la masse des blancs, beaucoup trop faible dans nos isles, finiraient par les rendre tout-à-fait françaises.

Qu'on ne s'imagine cependant pas que mon dessein soit de suppléer à des esclaves par d'autres esclaves ; ni que j'aie l'arrière-pensée qu'on assujétisse les petits infortunés, objet de ce mémoire, au travail excessif, ni au traitement inhumain dont quelques colons avares ou cruels surchargeaient leur propriété africaine. Quand en

----

(1) Je n'offre ici qu'un terme moyen.

Europe un cultivateur charitable ajoute quelque orphelin à sa famille , ce n'est jamais dans la perfide intention de se décharger un jour sur lui de tous les travaux rebutans ou pénibles ; il les distribue avec plus d'équité entre soi et ses propres enfans, et l'infortuné ne paye le pain qu'il partage que par une tâche raisonnable et jamais au-dessus de ses forces : on lui apprend à cultiver la terre , tout en lui conservant le droit de prêter un jour ailleurs le secours de ses bras.

On m'opposera sans doute avec plus de fondement la chaleur brûlante du climat comme funeste aux jeunes travailleurs que je veux donner aux isles ; on me dira qu'il serait peut-être plus humain de ne pas recueillir ces enfans que de le faire avec dessein de les envoyer périr sous le tropique. Je conviens que cette objection serait toute puissante , si l'on n'avait aucune preuve que les Européens pussent travailler et se bien porter à la Martinique , à la Guyanne, à Sainte-Lucie , à la Guadeloupe ; et non moins bien aux isles de France et de Bourbon ; à la vérité, les individus nouvellement transplantés , sont, plus que les indigènes, exposés aux maladies et autres incommodités du climat ; mais des observations suivies ont aussi prouvé que l'homme des pays froids est en état de supporter un très-grand dégré de chaleur. Elle est communément de 38 à 4o degrés au Sénégal , et cette chaleur n'est point extraordinaire , puisqu'on l'éprouve souvent

plus forte dans les royaumes du midi de l'Europe. En Syrie, où les Romains et les Français
ont aussi porté leurs armes, elle arrive à 50 dégrés; elle est enfin de 60 à 70 degrés sous la ligne
équinoxiale. Mais les colonies qui nous appartiennent sont déjà assez distantes de l'équateur
pour éprouver une température plus supporta-
ble. Croit-on que les 274,000 blancs qui faisaient,
en 1811, partie de la population de Saint-Jago
de Cuba, fussent tous des planteurs ou de grands
propriétaires? on serait dans une bien grande
erreur! Sur ce nombre, plus des neuf dixièmes
seront des cultivateurs, des ouvriers, des ber-
gers : les cultivateurs se sont donc habitués au
travail sous une latitude qui semblait ne réclamer
que des mains africaines! Et quelle est cette
latitude? C'est-à quelques dégrés près, celle
de nos isles sur le vent. Les régimens qui formaient
les garnisons de ces isles, avant la révolution,
donnaient des soldats Européens pour travailleurs aux colons, et ces soldats les secondaient
puissamment, dans le principe il est vrai, avec
plus de peine et de fatigue, mais ensuite avec
plus de courage et de constance, parce qu'ils s'é-
taient acclimatés.

Je sais encore que la peau d'un noir est moins
susceptible des fortes impressions d'une chaleur
extrême, que la peau d'un jeune blanc tout-à-coup
transplanté des pays tempérés de l'Europe; mais
n'y a-t-il donc aucun moyen de concilier la santé

de l'enfant qui arrive , avec les travaux à lui prescrire ? Aura-t-on la barbarie de le priver du sage et précieux repos que, vers le milieu des grands jours, tous les peuples du midi aiment tant à goûter à l'ombre ? Mais les colons , dont le plus cher intérêt doit être de s'entourer de blancs , de Français sur'tout, et d'en augmenter le nombre tutélaire , ne pourront-ils remplacer les négres du Sénégal, plus spécialement destinés au service intérieur de l'habitation, par les petits compatriotes venus exprès de la France pour les seconder. Le mariage de ces orphelins , ménagé par l'humanité des colons, ne donnera-t-il pas des créoles qu'on habituera plus facilement à la culture, et qui , successivement, viendront prendre place parmi les anciens cultivateurs de la colonie ?

Cela posé, l'on éléverait dans nos hospices, et pour nos colonies seulement :

1.º Tous les enfans abandonnés et non réclamés avant l'âge de sept ans.

2.º Tous les enfans de mendians , exposés dans les rues à la pitié du public et ramassés par les soins de la police ; à moins cependant pour ces derniers , qu'avant leur septième année d'admission leurs parens ne les réclamassent , en se prouvant en état de leur donner une profession utile.

Le Gouvernement, autorisé par une loi, prendrait, je suppose , envers nos colons proprié-

taires, l'engagement de leur fournir, comme domestiques, un certain nombre de sujets de chaque sexe, dans l'âge de 9 à 10 ans pour les
filles (1), et de 10 à 11 ans pour les garçons.
L'engagement pour tous prendrait la date même
de leur embarquement, et ne pourrait excéder
quinze années (2), à l'expiration desquelles il
cesserait de plein droit. Le fisc ferait alors comp-
ter à ces enfans, à titre de dot; savoir, aux
hommes 600 fr. et aux femmes 500 fr. (3).
Chacun d'eux serait ensuite maître de disposer
de sa personne comme tout autre habitant libre
des colonies.

Des réglemens spéciaux destinés à protéger
ces enfans, prescriraient leur nourriture et leur
habillement selon le climat; ordonneraient de
les traiter avec douceur et bonté s'ils se com-
portaient bien, et de les châtier paternellement
ou de les livrer à la justice s'ils se conduisaient
de manière à le mériter ; porteraient que, pendant la durée de leur engagement, les domestiques d'une même habitation ne pourraient se
marier entre eux qu'avec le consentement de

---

(1) Il est convenable, pour les bonnes mœurs, pendant
la traversée, de n'en point embarquer au-dessus de cet âge.

(2) On voit qu'alors les filles seraient libres à 25 ans et
les garçons à 26.

(3) Combien de domestiques, en Europe et par-tout,
peuvent-ils se flatter d'avoir une pareille somme devant
eux, après 15 ans de service

leurs maîtres, et que dans le cas où les époux auraient le moyen d'élever leur famille, leurs enfans resteraient libres ; sinon que les maîtres seraient tenus de les nourrir, mais qu'alors, à l'effet d'indemniser ces derniers, les nouveaux créoles travailleraient dès qu'il seraient en état, comme les autres domestiques, pour le logement, la nourriture et l'habillement, autant de temps qu'on les aurait entretenus à rien faire (1) : et qu'afin d'avoir une date certaine à cet égard, le colon propriétaire la déclarerait à l'autorité en présence de l'enfant et de ses père et mère.

2.° Que chaque année le Préfet colonial ferait, au ministère de l'Intérieur, par l'intermédiaire de celui de la Marine, la demande du nombre d'enfans de chaque sexe desirés par les colons.

3.° Que chaque colon, dont la demande serait agréée, livrerait au gouvernement, une dot en denrées coloniales de la valeur locale de 600 fr. par chaque enfant mâle, et de 500 fr. par chaque fille qu'on lui accorderait ; que ces denrées seraient amenées en France par les bâtimens de l'état, et le montant des sommes en provenant, versé au trésor public, ou inscrit sur le grand livre, conformément aux dispositions que la loi aurait établies.

---

(1) Cette clause intéresserait les colons à ne point faire travailler ces enfans qu'ils n'en eussent la force.

4.º Qu'en cas de mort de l'enfant dans les huit premières années, le colon récupérerait, sans droit à aucun intérêt, moitié de la somme dont il aurait remis la valeur en denrées, mais que passé cette époque et jusqu'à celle fixée comme terme de l'engagement, le gouvernement hériterait seul de la dot, avec exclusion de tous prétendans, autres que des descendans légitimes : ces sortes d'héritages et les intérêts de chaque dot devant servir d'indemnité pour les frais d'éducation et de transport.

5.º Que l'enfant (domestiqué) ne pourrait travailler que chez son maître, à moins de permission donnée par celui-ci ; que le colon aurait droit de réclamer son domestique, quelque part qu'il se trouverait, s'il venait à quitter l'habitation avant l'époque de sa liberté ; que le colon aurait en outre droit à un dédommagement de la part des individus qui auraient débauché ou recueilli le déserteur.

6.º Que tout colon serait tenu de représenter les enfans domestiqués et d'en prouver les mutations, toutes les fois qu'on l'en requerrait légalement.

7.º Que dans le cas où quelqu'un de ces enfans se plaindrait avec raison de violences ou de traitemens trop durs, l'autorité compétente pourrait prononcer un changement d'habitation, sauf indemnité, s'il y avait lieu ; qu'elle pourrait même condamner le colon délinquant à être privé, pendant un temps fixe, de l'avantage d'obtenir de pareils serviteurs, si les violences ou mauvais traitemens lui étaient habituels.

8.° Que l'enfant qui prouverait que de graves violences ont été exercées contre lui, et qui craindrait d'en devenir la victime, pourrait-être admis dans les ateliers du gouvernement, ou rentrer à l'hospice pour y être utilisé.

9.° Que tout colon qui aurait plus de cinq de ces enfans serait tenu de donner annuellement un prix par chaque demi-dixaine, à celui d'entre eux qui, au jugement de ses camarades, leur en paraîtrait le plus digne.

10.° Que dans le cas où quelque régiment acclimaté dans une colonie, viendrait à recevoir, sans motifs extraordinaires, l'ordre de la quitter pour rentrer sur le continent, tout soldat reconnu pour bon travailleur, obtiendrait, sur sa demande et celle d'un propriétaire, un congé absolu, portant autorisation de se fixer dans l'isle.

11.° Qu'enfin le gouvernement pourrait suspendre l'envoi aux colonies:

1.° Par le défaut de demandes aux préfets coloniaux.

2.° En cas de grandes pertes dans la population de la mère patrie, occasionnées par une cause quelconque;

3.° Pour la formation et le recrutement des régimens coloniaux, auxquels les enfans mâles pourraient être plus particulièrement affectés.

(16)

On voit que toutes ces idées, suggérées par l'amour de la patrie, sont susceptibles de grands développemens ; mais qu'on peut asseoir sur la base dont elles dépendent, la garantie, la force et les richesses futures des colonies françaises. L'effrayante disproportion des blancs avec les gens de couleur (1), les levains d'indépendance qu'on a répandus parmi ces derniers, et dont un inconséquent esprit de rivalité peut réveiller la fermentation, ne sont pas de légers motifs d'inquiétudes pour un gouvernement paternel. Mais ces inquiétudes diminueront progressivement chaque année par l'heureuse application d'un système de population entièrement national, alimenté par de petits infortunés que leur naissance a placés hors des familles, qui n'appartiennent qu'à l'état, et en faveur desquels celui-ci serait alors libre de prendre les engagemens les plus en rapport avec ses vues pour la prospérité publique.

Je ne puis qu'inviter les colons à méditer ces idées, et s'ils les trouvent de nature à remplir le but que je me propose, à supplier le Prince auguste qui règne si sagement sur nous, d'en faire l'objet d'un projet de loi, et de le faire soumettre à la discussion des chambres.

---

(1) En 1776 et 1779 la proportion des hommes libres de couleur avec les esclaves, était selon M. Necker, d'un à 33 dans les isles françaises : depuis lors nous avons perdu Saint-Domingue ; et Sainte-Lucie a été réduite au quart de la population qu'elle avait en 1789.

FIN.